All the Colors We Are
The Story of How We Get Our Skin Color

Todos los colores de nuestra piel
La historia de por qué tenemos diferentes colores de piel

Katie Kissinger
Photographs by/Fotografías de Chris Bohnhoff

Redleaf Press®
www.redleafpress.org
800-423-8309

This book is dedicated with love to my daughters, Mandy and Laura,
and to my parents, Mary and Larry Kissinger

Este libro está dedicado con cariño a mis hijas Mandy y Laura,
y a mis padres Mary y Larry Kissinger

Published by Redleaf Press
10 Yorkton Court
St. Paul, MN 55117
www.redleafpress.org

Text © 2014 by Katie Kissinger
All photographs © 2014 by Chris Bohnhoff except page 7 by Rob Marmion/
Getty Images/Hermera; page 23 by Paul Vasarhely/Getty Images/iStockphoto;
and page 27 (right) by Geo Martinez/Getty Images/Hemera

First edition published 1994. Twentieth-anniversary edition 2014.
Jacket and interior design by Agency F Design
Photographs by Chris Bohnhoff
Typeset in Bryant
Translation provided by O'Neill Language Academy
The map on page 25 was recreated with permission from "Geographic
Distribution of Environmental Factors Influencing Human Skin Coloration" by
George Chaplin (*American Journal of Physical Anthropology* 125: 292–302),
© 2004 Wiley-Liss, Inc.

Library of Congress Cataloging-in-Publication Data

Kissinger, Katie, 1951- author.
    All the colors we are : the story of how we get our skin color = Todos los
colores de nuestra piel : la historia de por qué tenemos diferentes colores de
piel / Katie Kissinger ; photographs by Chris Bohnhoff. — 20th anniversary
edition = Edición 20 ° aniversario.
    pages cm
English and Spanish.
"First edition 1994"—Title page verso.
    Summary: Explains, in simple terms, the reasons for skin color, how it is
determined by heredity, and how various environmental factors affect it.
    ISBN 978-1-60554-079-5 (hardcover : alk. paper)
    1. Skin—Physiology—Juvenile literature. 2. Human skin color—Juvenile
literature. 3. Melanins—Juvenile literature.   I. Bohnhoff, Chris, illustrator. II.
Kissinger, Katie, 1951- All the colors we are. III. Kissinger, Katie, 1951- All the
colors we are. English. IV. Title. V. Title: Todos los colores de nuestra piel.
QP88.5.K47 2014
612.7'927—dc23
                                        2013017560   U18-03

People have many different colors of skin.
Even though we often say the words, "He is black," or
"She is white," all of us have skin that is a different
shade of brown.

La piel de las personas es de muchos colores diferentes.
Aunque a veces decimos, "ella es negra", o "él es blanco", todos
tenemos color de piel de un matiz entre el color tostado y castaño.

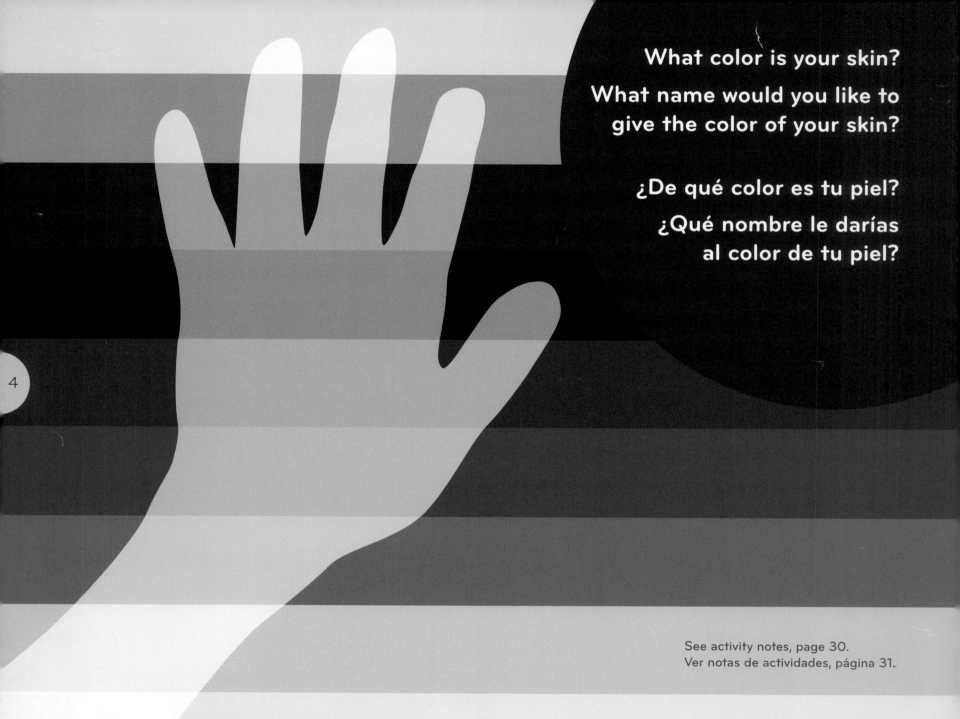

What color is your skin?

What name would you like to give the color of your skin?

¿De qué color es tu piel?

¿Qué nombre le darías al color de tu piel?

4

See activity notes, page 30.
Ver notas de actividades, página 31.

How do you think we get our own special color of skin?

Can you make a guess?

¿Por qué crees que tenemos ese color en la piel?

¿Tienes alguna idea?

5

See activity note, page 30.
Ver nota de actividad, página 31.

We get our skin color in three different ways:

Tenemos ese color en la piel por tres razones distintas:

from our parents and from our
relatives who lived long ago,
called ancestors;

por nuestros padres y por unos
familiares que vivieron hace
muchísimo tiempo, llamados
antepasados;

7

from the sun;

por el sol;

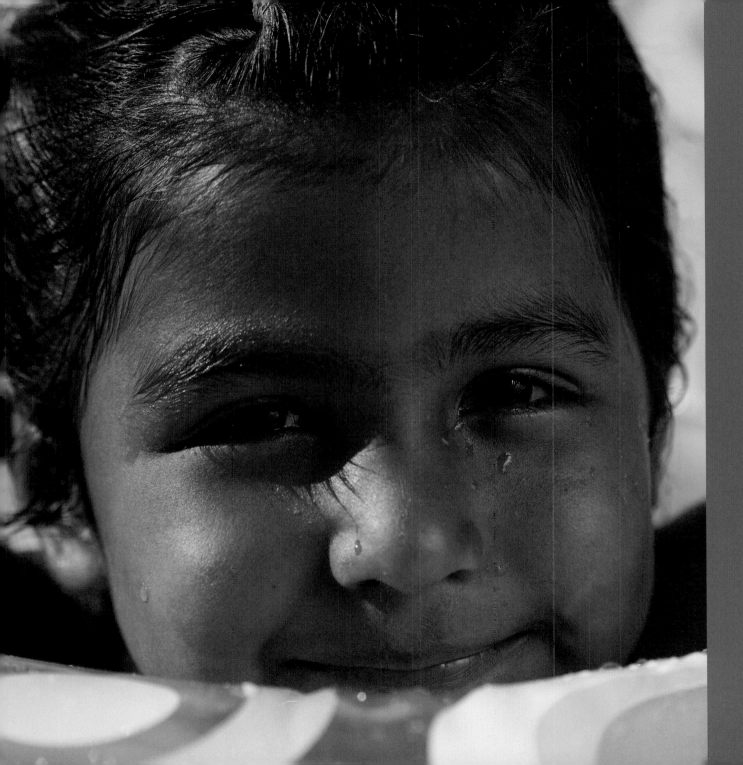

and from
something
called melanin.

y por algo
llamado
melanina.

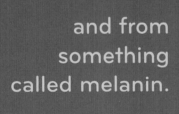

Melanin is tiny grains
of coloring in our skin.
We can't see the
tiny melanin grains,
but we all have melanin
in our skin.

En nuestra piel existen
pequeñísimos granos de un
colorante llamado melanina.
Los granitos de melanina
no se pueden ver a simple vista,
pero toda la gente tiene
melanina en la piel.

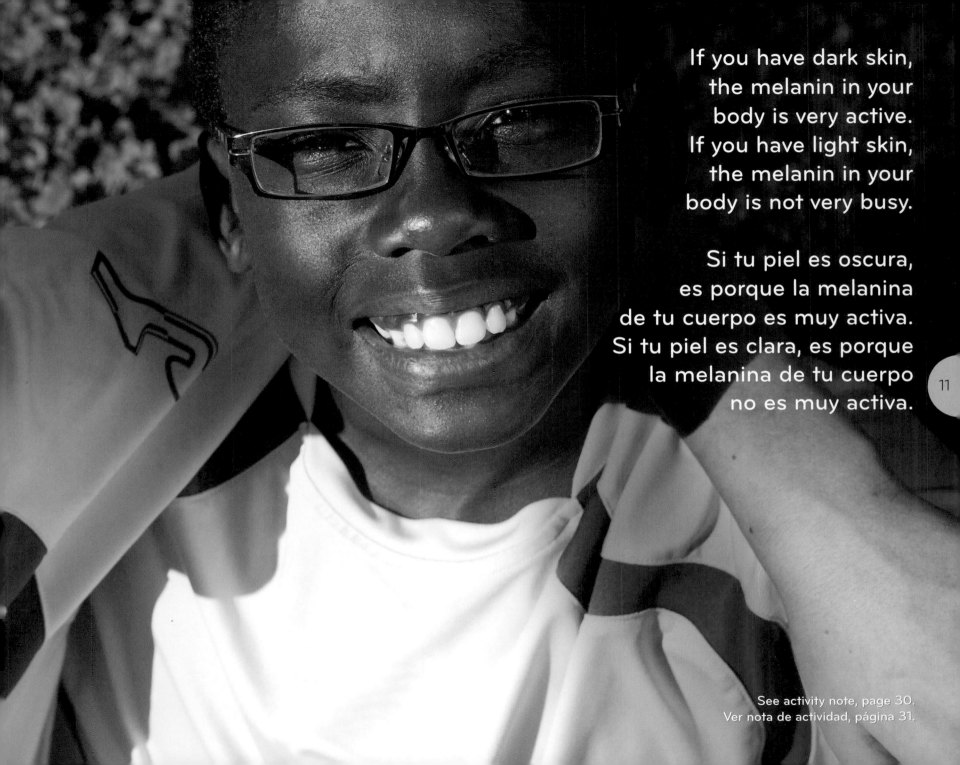

If you have dark skin,
the melanin in your
body is very active.
If you have light skin,
the melanin in your
body is not very busy.

Si tu piel es oscura,
es porque la melanina
de tu cuerpo es muy activa.
Si tu piel es clara, es porque
la melanina de tu cuerpo
no es muy activa.

11

See activity note, page 30.
Ver nota de actividad, página 31.

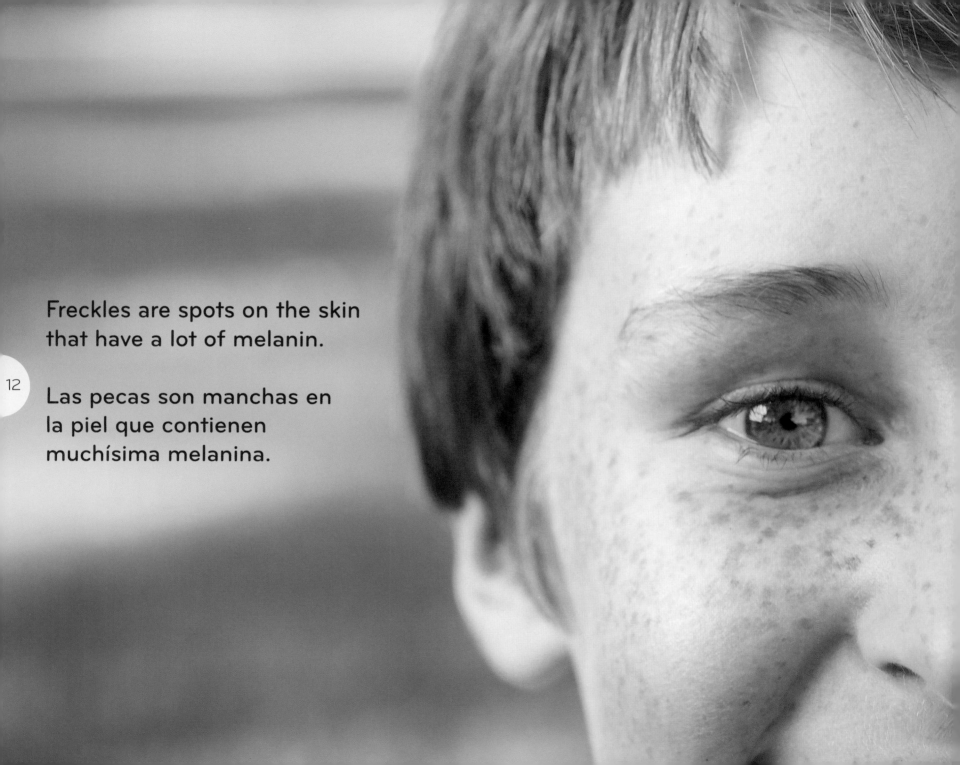

Freckles are spots on the skin
that have a lot of melanin.

Las pecas son manchas en
la piel que contienen
muchísima melanina.

12

No matter what color we are, our skin gets darker in the sun.
The more we are in the sun, the darker our skin will get.

Sea cual sea nuestro color, la piel se
oscurece cuando estamos al sol.
Cuanto más tiempo estamos al sol, más oscura
se nos pondrá la piel.

Melanin's most important job is to
protect our skin from sunburn.

La tarea más importante de la melanina
es evitar que los rayos del sol nos
quemen la piel.

15

How does that happen?

When we go outside, the sunshine and the air cause the melanin in
our skin to get busy to keep our skin from burning.

¿Y eso cómo sucede?

Cuando sales afuera, los rayos del sol y el aire hacen
que la melanina de tu piel comience a trabajar para evitar que
se te queme la piel.

See activity note, page 32.
Ver nota de actividad, página 32.

16

If we go out into the sun a little bit at a time, we will build enough melanin to protect our skin.

Si sales al sol un poquito cada día, tu cuerpo producirá suficiente melanina para proteger tu piel.

If your ancestors from a long time ago lived in a place where there was a lot of sunshine and heat, they probably had dark skin.

Si tus antepasados de hace mucho tiempo vivían en un lugar muy soleado y caluroso, es probable que tuvieran la piel oscura.

If they lived in a place
with less sun and heat, they
probably had light skin.

Si vivían en un lugar
menos soleado y caluroso,
probablemente tenían
la piel clara.

When both parents have light skin,
they usually have children with light skin.

Por lo general, cuando los dos padres tienen la piel clara, los
hijos también tienen piel clara.

When both parents have dark skin, they usually have children with dark skin.

Por lo general, cuando los dos padres tienen la piel oscura, los hijos también tienen piel oscura.

22

When one parent has light skin and one parent has dark skin, their children's skin may be light, dark, or in-between.

Si uno de los padres tiene la piel clara y el otro tiene la piel oscura, sus hijos pueden tener la piel clara, oscura o de un tono intermedio.

23

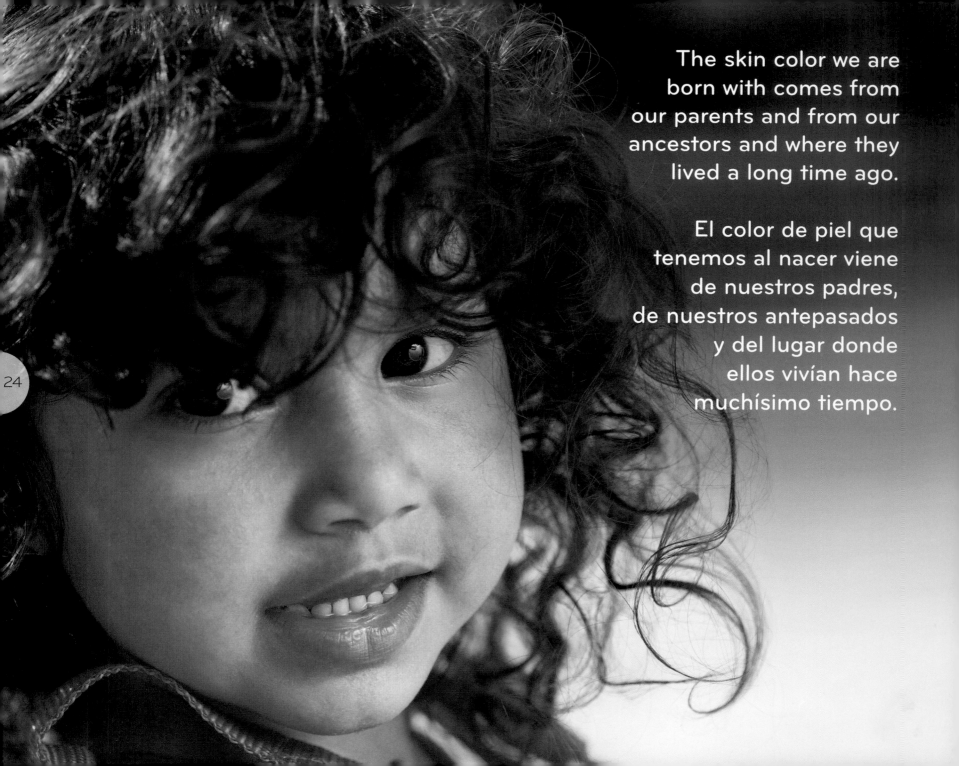

The skin color we are born with comes from our parents and from our ancestors and where they lived a long time ago.

El color de piel que tenemos al nacer viene de nuestros padres, de nuestros antepasados y del lugar donde ellos vivían hace muchísimo tiempo.

See activity note, page 32.
Ver nota de actividad, página 32.

25

From lightest ←→ to darkest skin   no data

De más clara ←→ a más oscura   no hay datos

¿Dónde crees que vivían tus antepasados? ¿En un lugar muy cálido
y soleado, o en un lugar más frío y menos soleado?

Dark skin, light skin, and skin with freckles are all caused by our parents and ancestors, the sun, and melanin.

La piel oscura, la piel clara y la piel con pecas se deben a nuestros antepasados, el sol y la melanina.

Skin color is one of the
many ways people are
special and different
from each other.

El color de nuestra piel
es una de las cosas que
nos hacen especiales y
distintos los unos de los otros.

A Note to Parents and Teachers

This book is about the scientific process that gives us all our skin color. It is also about changing the way children learn about skin color. Many times the information children receive about skin color is loaded with a country's history of prejudice. There are many myths and stereotypes embedded in the messages children receive about differences in skin color.

It is critical to give children the simple scientific truth about skin color: The only reason we have different skin tones is to protect us from the sun's harmful rays. Melanin is the pigment that gives us skin color, and all of us have melanin in our bodies.

Undoing the Myths about Skin Color

All of us have skin that is a shade of brown. Asian people do not have yellow skin. Their skin is a shade of brown because it contains melanin. White people are not really white. Their skin also contains melanin. Black people are not really black. Their skin contains melanin to create a shade of brown. American Indians do not have red skin. It is a shade of brown because it contains melanin. Some people with very light-brown skin turn pink when they get too much sun, but the only way a person can have red skin is to paint it red.

Science Notes about Color

All living things have color: plants, animals, and people. Pigment makes color.

Melanin is a pigment that forms the shades of brown. When you cut open a raw potato or an apple and let it stand out for a while, it will turn brown. This color change is caused by melanin. A zebra's stripes, a leopard's spots, and a frog's speckles are all caused by melanin. In addition to their skin, people have melanin pigment in their eyes and hair too.

Carotene is a pigment that forms the color orange, as in pumpkins and carrots.

Chlorophyll is a pigment that forms the color green. Grass, asparagus, spinach, and lettuce all have chlorophyll pigment.

Hemoglobin is a pigment that forms the color red. Hemoglobin is how our blood gets its color.

Xanthophyll is a pigment that forms the color yellow. Many flowers contain xanthophyll pigment, as do the leaves that turn yellow in the fall.

Nota a los Padres y Maestros

Este libro trata sobre el proceso científico que da el color a nuestra piel y pretende enseñar de una manera diferente por qué la gente tiene distintos tonos de piel. Muchas veces, la información que los niños reciben está influenciada por los prejuicios históricos del país. Los mensajes que reciben los niños sobre las diferencias en el color de la piel conllevan muchos mitos y estereotipos.

Es sumamente importante enseñarles a los niños las razones científicas de que haya diferentes colores de piel: la única razón por la que tenemos diferentes tonos de piel es para protegernos de los dañinos rayos del sol. La melanina es el pigmento que da color a nuestra piel. Todos los seres humanos tienen melanina en su cuerpo.

Desterrando los mitos sobre el color de la piel

Todas las personas tienen un tono de piel entre tostado y castaño. Las personas asiáticas no tienen la piel amarilla. Su piel es un matiz del color castaño porque contiene melanina. Las personas blancas no son realmente blancas. Su piel también contiene melanina. Las personas negras no tienen la piel realmente negra. Su piel es de color castaño porque contiene melanina. Los nativos americanos no tienen la piel roja. Su piel es de color castaño porque contiene melanina. La piel de color tostado claro de algunas personas se torna rosada cuando se expone mucho al sol, pero la única manera en que una persona puede tener la piel roja es que se la pinte de ese color.

Notas científicas sobre el color

Todos los seres vivos tienen color: las plantas, los animales y las personas. El pigmento es lo que determina el color.

La melanina es un pigmento que forma distintos tonos o matices del color castaño. Si se corta una papa cruda o una manzana, después de un rato se tornará de color castaño. Esto se debe a la melanina. Las rayas de las cebras, las manchas de los leopardos y las ranas tienen su origen en la melanina. Las personas tienen melanina en la piel, en los ojos y en el cabello también.

El pigmento llamado caroteno determina el color anaranjado, presente en las calabazas y zanahorias.

La clorofila es un pigmento que forma el color verde. El pasto, los espárragos, las espinacas y las lechugas tienen clorofila.

El pigmento llamado hemoglobina determina el color rojo y así es cómo la sangre obtiene su característico color.

La xantofila es un pigmento que forma el color amarillo. La xantofila está presente en muchas flores y en las hojas que se ponen amarillas en el otoño.

Activity Ideas

Page 4 Activity Notes

Here are ways to identify and compare skin tones with children:

Gather a wide range of skin-colored paint swatches from your local paint or hardware store. Ask the children to look at them and to choose the one that most closely matches their skin color.

Mix paint with the children using brown, black, white, and red paint or powdered tempera. Talk about how no one is black, white, or red, but that those colors help make shades of brown. Mix and experiment until you reach a shade that each child believes most closely matches his or her own skin color. This activity helps demonstrate that we are all shades of brown.

Ask the children to come up with different names for the color of their skin. Because our vocabulary is limited in naming shades of skin color, encourage creative thinking. Here's a list of some creative words that could describe a variety of skin colors. (*Hint:* the names on the paint swatches can be a helpful starting point.)

toasty cinnamon	seashell	coral
creamy cork	root beer	cool caramel
dark oak	golden wheat	light coffee
sand castle	molasses	ecru
tortilla	redwood	sienna
smooth peanut butter	vanilla ice cream	amber
gingersnap	soft olive	peachy salmon
pearly	brownie	

This activity gives children the power to describe who they are in the world as well as the knowledge that they have their own special color.

Page 5 Activity Note

This activity incorporates science (predicting, guessing) and language (recording children's comments encourages language development). Ask the children how they think skin color is determined and write down all their guesses and ideas on a large sheet of paper as they vocalize them. Here's an example of what your list could look like.

Where Do We Get Our Skin Color?

Anna: my mom
Pierre: my birth mom
Abdullahi: my mom and dad

Page 11 Activity Note

Have the children try to sequence their skin color ranging from darkest (melanin most busy) to lightest (melanin not busy). They can do this either by using paint swatches or by actually lining up their own bodies. Place a poster on one end of the space titled "Not Busy Melanin" and at the other end of the space titled "Very Busy Melanin." Ask the children, "Who do you think has the busiest melanin in our class?" "Who is the most protected from the sun?"

This activity helps reframe everyone's thinking and reinforces the fact that we have different colors of skin to protect us from the sun.

Melanin

Dark skin: very busy < > Light skin: not busy

Ideas para actividades

Notas de actividades de la página 4

Hay varias maneras de identificar y comparar los tonos de piel con los niños:

Reúna una amplia variedad de muestras de pintura cuyos colores corresponden a los diferentes tonos de piel. Puede conseguir estas muestras en la tienda de pinturas o en la ferretería de su localidad. Pida a los niños que observen las muestras y que elijan la que más se asemeje a su tono de piel.

Trabaje con los niños mezclando pintura de color castaño, negro, blanco y algo de pintura roja o témpera en polvo. Explique que no hay nadie que sea negro, blanco o rojo, pero que estos colores sirven para formar los matices del color castaño. Continúe mezclando los colores hasta que logre el color que cada niño piensa que se parece más a su color de piel. Esta actividad le permitirá demostrar que todos nosotros tenemos la piel de un matiz castaño.

Pida a los niños que inventen diferentes nombres para su color de piel. Debido a que nuestro idioma es limitado en cuanto a los nombres de matices de la piel, anímeles a que piensen de manera creativa. Esta es una lista de algunas palabras creativas que pueden describir colores de la piel. (*Pista*: los nombres de las muestras de pintura pueden serle de gran ayuda para empezar la actividad.)

canela tostada	color perla	chocolate
corcho claro	concha de mar	coral
roble oscuro	zarzaparrilla	caramelo
castillo de arena	trigo dorado	café con leche
tortilla	melaza	carmelita
mantequilla de maní suave	secuoya	siena
galleta de jengibre	helado de vainilla	ámbar
	olivo claro	color salmón

Esta actividad da a los niños la oportunidad de describir quiénes son en el mundo y el conocimiento de que cada uno tiene su color especial.

Nota de actividad de la página 5

Esta actividad incorpora tanto la ciencia (predicción, conjeturas) como el lenguaje (al registrar los comentarios de los niños fomenta el desarrollo del lenguaje). Pregunte a los niños cómo creen que se determina el color de la piel y vaya anotando en una hoja de papel grande todas las conjeturas e ideas que los niños sugieran. Este es un ejemplo de cómo se podría ver esa lista.

¿De dónde viene el color de nuestra piel?

Ana: de mi mamá
Pierre: de mi madre biológica
Abdullahi: de mi madre y mi padre

Nota de actividad de la página 11

Pida a los niños que se pongan en orden según su color de piel partiendo del tono más oscuro (melanina más activa) hasta llegar al más claro (melanina no muy activa). Esta actividad pueden realizarla de dos formas: con las muestras de pintura o alineando a los niños en una fila según el tono de la piel. Coloque un cartel que diga "Melanina no muy activa" en un extremo del espacio y en el otro extremo del espacio ponga otro titulado "Melanina muy activa". Pregunte a los niños: "¿Quién tiene la melanina más activa de la clase?" "¿Quién está mejor protegido del sol?"

Esta actividad permite reformular nuestra manera de pensar y enfatiza el hecho de que tenemos diferentes colores en la piel para protegernos del sol.

Melanina

Piel oscura: muy activa < > Piel clara: no muy activa

Page 16 Activity Note

To demonstrate the sun's chemical reaction with melanin, create props so the children can act it out.

Materials

A sun costume (as simple as a yellow circle pinned or taped to a hat or a shirt)

A handheld fan (to create an air current)

Knee-high women's hosiery in a range of shades from light to dark

Ask one child to be the sun, one child to be the air, and two children to be the melanin. The "sun" and the "air" walk to the middle of the group and begin to dance together, moving around to create an air current. The two melanin characters soon walk out to join them. The melanin characters are wearing knee-high hosiery on their arms (one child with the lightest hosiery tone, and the other with a darker hosiery tone). As the two melanin characters dance with the sun and the air, add darker shades of hosiery to their arms. Gradually their "skin" will become darker.

Page 25 Activity Note

Look at the world map on this page. The darker regions show areas where ancestors with darker skin originated. The lighter regions show areas where ancestors with lighter skin originated. Ask the children where their ancestors lived. If they don't know, ask the children to guess based on their own skin color. Discuss the relationship between climate and skin tone, reminding children that melanin's job is to protect their skin from the sun.

An extension of this activity is to create a classroom mural. You could give it the title "Where Our Ancestors May Have Lived." Have the children go through magazines and cut out pictures they believe display the climate, geography, and lifestyle of their ancestors. Then put the pictures together to create one classroom mural. This activity is best suited for grade 1 and up.

Nota de actividad de la página 16

Para demostrar la reacción química del sol con la melanina, confeccione accesorios para que los niños puedan hacer una dramatización.

Materiales

Un disfraz de sol (que puede ser simplemente un círculo amarillo sujeto con un alfiler o pegado a un sombrero o a una camisa).

Un ventilador de mano (para crear una corriente de aire).

Medias de nailon hasta la rodilla de diferentes tonos de color natural, desde claro a oscuro.

Pida a un niño que sea el sol, otro que sea el aire y dos niños más que sean la melanina. La "sol" y el "aire" caminan hacia el centro del grupo y comienzan a bailar juntos, moviéndose alrededor para crear una corriente de aire. Los dos personajes que hacen de la melanina pronto se unen a ellos. Los niños que representan la melanina tienen medias de nailon en sus brazos (uno con las medias del tono más claro y el otro con medias más oscuras). Mientras los dos niños que hacen de melanina bailan con el sol y el aire, se van colocando medias de tonos más oscuros en sus brazos. Poco a poco su "piel" se torna más oscura

Nota de actividad de la página 25

Observe el mapa del mundo de esta página. Las regiones más oscuras muestran zonas en las que se originaron los antepasados de piel más oscura. Las regiones más claras muestran áreas en las que se originaron los antepasados de piel más clara. Pregunte a los niños dónde vivían sus antepasados. Si no lo saben, diga a los niños que se lo imaginen, según el color de su piel. Comente la relación entre el clima y el tono de la piel, recordando a los niños el papel de la melanina en la protección de la piel del sol.

Una extensión de esta actividad es crear un mural para la clase. Le podría dar el título: "Dónde pueden haber vivido nuestros antepasados". Pida a los niños que miren revistas y recorten fotos ellos crean que representan el clima, la geografía y la forma de vida de sus antepasados. Pueden juntar las fotografías para crear un mural de clase. Esta actividad es ideal para estudiantes del 1.er grado en adelante.